Z. 2284.
i d. 2 c.

24382

UN PEU

DU TEMPS PASSÉ,

UN PEU

DU TEMPS PRÉSENT.

UN PEU
DU TEMPS PASSÉ,
UN PEU
DU TEMPS PRÉSENT,

OU

QUELQUES VÉRITÉS DONT IL FAUT CONVENIR.

PAR J. C........

Lorsque les Puissances faisoient la guerre à la France, la France seule la faisoit à la Révolution.

A PARIS,

Chez DEBRAY, rue Saint-Honoré,
Barrière des Sergens.

DE L'IMPRIMERIE DE GUILLEMINET.

1804.

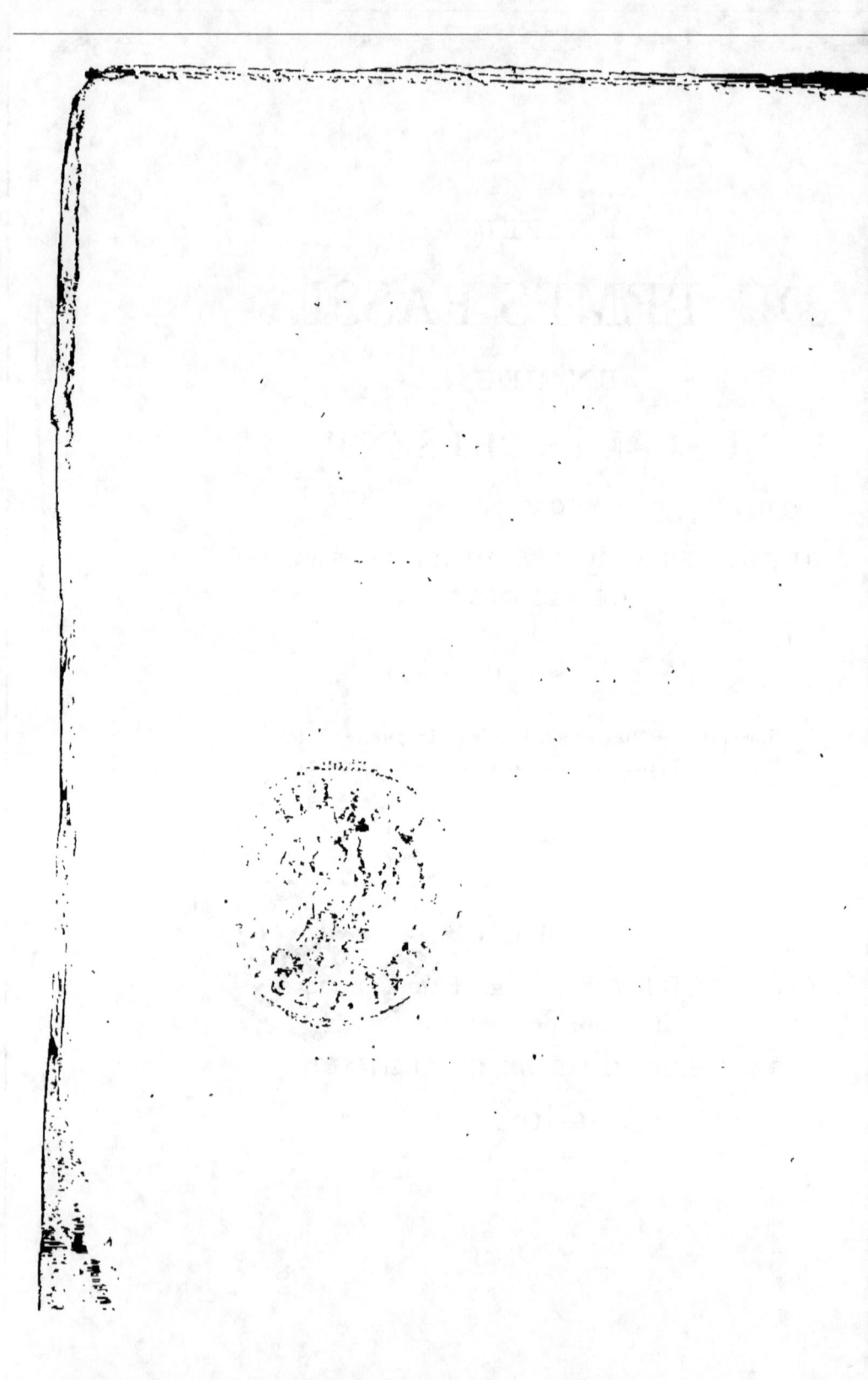

UN PEU

DU TEMPS PASSÉ,

UN PEU

DU TEMPS PRÉSENT.

Si l'histoire des troubles qui agitent l'Europe et qui ont eu tant d'influence sur les autres parties du monde depuis vingt années, doit exciter vivement la curiosité de nos descendants, il faut convenir que les événements qu'elle retracera ont été une source de grandes calamités pour les ames droites et sensibles qui en ont vu toutes les époques.

Comment, au milieu d'universités savantes, d'académies célèbres, ces temps ont-ils rivalisé avec ceux de l'ignorance et de la barbarie ? Par exemple, comment, sous l'ancienne monarchie, des ministres extérieurement importants, des magistrats extérieurement amis des mœurs, les docteurs bien avérés de nos sorbonnes littéraires parcouroient-ils, chacun dans leur sens et de la meilleure foi du monde, un cercle d'erreurs qui prouvent que la raison conduit rarement ceux qui s'efforcent de la définir, et que les véritables préceptes sont dans les bons exemples ? Corneille et Fénélon, Racine et Turenne ne soupçonnoient pas que pour faire preuve de lumières et de philosophie, et aspirer à un grand nom, il faudroit un jour dépraver les mœurs par des ouvrages licencieux, détourner les hommes de la voie paisible de la sagesse en soulevant leurs passions, en les égarant par les paradoxes les plus insensés.

Mais si notre nation légère s'éloigne trop facilement des sentiers de la prudence et de la raison, son tact délicat, sa sensibilité naturelle savent bientôt l'y ramener. Aussi, quels qu'aient été ses excès, les mœurs, les arts et le goût, ne se montrent pas moins disposés à nous confier encore le secret de former des hommes pour être la sauvegarde de la civilisation perfectionnée. N'est-ce pas aux soins, à l'énergie de ces mêmes Français ; n'est-ce pas à leur magnanimité que les puissances qui se réjouissoient de notre ruine future, pendant nos agitations passées, doivent leur propre conservation ? car lorsqu'elles faisoient la guerre à la France, la France seule la faisoit à la révolution. Si l'on excepte cette époque terrible où l'ancienne dynastie, achetant la proscription par le délaissement dans lequel elle laissa toutes les classes de la société, ignoroit qu'il y avoit plus de Bayard sous les chaumières de la Vendée, que parmi les *gens présentés;* si l'on excepte cette époque épouvantable où Roberspierre, popularisant la cruauté, éleva son trône sur mille échafauds sanglants, et, fort de tous les crimes, prétendit ériger de monstrueux principes en sublimes vertus ; si l'on excepte, dis-je, cette douloureuse époque, combien de nobles efforts ne firent pas les divers membres qui héritèrent successivement de l'autorité, pour s'opposer à des systêmes dévastateurs ; systêmes que la foiblesse de Louis XVI, le vain orgueil de ses frères et de leurs courtisans, avoient peut-être encore moins préparés que la fatale incapacité des ministres du dernier règne de la branche des Capets !

En effet, qui ne voueroit maintenant tour à tour au ridicule et à l'opprobre le nom de ces prétendus hommes d'état, jadis ministres par la magie de ces lauriers de boudoirs et de ces couronnes domestiques accordés libéralement dans le salon de nos anciens traitants à des vertus supposées héréditaires, ou à des talents que leur obscurité naturelle vouloit préserver de subir la plus honteuse illustration ; de ces prétendus hommes d'état dont le génie fut étonné, les lumières embarrassées en 1789, par un misérable déficit de 56 millions, tandis que, dans l'an III seulement, on trouva le moyen de dépenser plusieurs fois le capital de ce même déficit ? Que diroient-ils donc aujourd'hui, ces administrateurs trop vantés, lorsqu'après douze années de guerre et de fléaux qui furent si désastreux à notre population, à notre commerce et à notre crédit, le soleil, notre puissant allié, montre encore la France à ses ennemis, riche de ces fécondes ressources qui feront éternellement son orgueil, sa force et leur désespoir ? Il faut en convenir, ces ministres d'un roi sans caractère furent encore plus coupables d'ignorance qu'il ne le fut lui-même de foiblesse.

Mais si les fautes et la lâcheté de la cour de Louis XVI mirent le prince dans une position telle que, malgré sa justice, il se montra l'ennemi des lois ; malgré son cœur, l'ennemi de son peuple, et forcèrent ce peuple, le meilleur et le plus facile à gouverner, à devenir l'ennemi du monarque, l'histoire n'accusera pourtant de ces torts fameux que les trop fameux écarts du pouvoir.

Qu'on se souvienne de cette tempête qui menaça d'engloutir pour jamais le vaisseau de l'état ! Déjà l'Autriche et l'Angleterre osoient en convoiter les débris, lorsque des matelots abandonnés eurent le courage de jeter dans les flots une cargaison dorée, et de l'alléger d'un poids devenu aussi inutile qu'embarrassant. Cette mesure, qui leur coûta sans doute, sera à jamais regardée comme un mouvement d'exaltation salutaire auquel dûrent se laisser entraîner les membres de la convention. Dans ces instants critiques, la force des choses domina la volonté des hommes : il fallut, pour sauver le corps politique, sacrifier celui qui avoit inconséquemment préparé sa dissolution.

Lorsque ces événemens, qui excitent souvent la sensibilité aux dépens de la raison, seront encore plus éloignés, on se demandera de sang froid quel parti il y avoit à tirer alors d'un homme qui passoit aussi facilement sous le joug de toutes les circonstances, qui avoit laissé vieillir nos institutions et nos mœurs, qui, depuis son avénement au trône, n'avoit pu donner aucune direction certaine à nos relations politiques, qui avoit avili, ou permis qu'on avilît les trois quarts des Français, en rendant cette ordonnance de 1781, par laquelle ils ne pouvoient entrer au service. Ces nobles roturiers, dont l'industrie et les talents étoient la gloire et la force d'un royaume chargé de plusieurs castes de gentilshommes qui se méprisoient entre elles ; ces nobles roturiers qui avoient fondé l'éclat des villes de Lyon, de Bordeaux, de Rouen, de Marseille, de Nantes, etc. ; cette jeunesse bouillante et pleine d'honneur, qui, s'élançant de tous les coins de la France, devoit bientôt arracher mille étendards et de vastes conquêtes aux ennemis de leur pays, fut déclarée, par Louis XVI, manquer de titres pour le défendre. Et depuis, à Coblentz, (c'est ici la place de cette digression) les généraux du comte de Lille refusèrent, dans leurs légions dorées, des jeunes gens dits du *tiers-état*, qu'un héroïsme modeste, un sentiment de la patrie mal'entendu, conduisirent vers leurs pâles drapeaux. Qu'auroit-on fait d'un monarque dont la pusillanimité appeloit à son secours des rois bien plus cupides qu'humains, tandis que les larmes de sa famille éplorée, le dévouement de ces Suisses généreux et de plusieurs bataillons de la garde nationale, ne purent jamais le décider à partager quelques périls ? Ce fut aussi vainement que s'exposèrent pour lui ceux qui, voulant allier au respect de la constitution le maintien de la tranquillité publique, étoient cependant résolus à tout sacrifier pour démontrer aux puissances jalouses, qu'au sein de la discorde même il est des liens qui uniront toujours les Français. Qu'auroit-on fait d'un monarque dont la piété stérile organisa le schisme, dont on vante la sensibilité, et que la pitié ni la tendresse ne purent émouvoir; qui n'eut que le courage insignifiant de monter à l'échafaud, et jamais celui de préserver les Français qui y montèrent comme lui, et par lui; un monarque enfin qui s'étoit, pour ainsi dire, laissé aller de degrés en degrés à une de ces positions humiliantes, à cette dégradation morale qui appellera toujours une éternelle flétrissure sur la tête d'un simple particulier, et de longs, de cruels malheurs sur celle des peuples, lorsque leurs chefs se voueront ainsi à l'abnégation de tous devoirs et de toute magnanimité ?

Ce monarque n'exista donc que pour apprendre aux rois que toute révolution est la faute des gouvernants, et jamais des gouvernés ; que les qualités privées qu'on suppose aux souverains, plus souvent qu'ils ne les justifient, ne sont qu'inutiles ou funestes à leur peuple, tant qu'elles ne sont point accompagnées de ces vertus publiques qui commandent l'admiration, la confiance, et ont pour base *la fermeté*.

Mais si quelque chose fut réellement déshonorant pour la civilisation, c'est le flegme avec lequel des ministres étrangers, réputés grands hommes, virent les malheurs de la société, et par une influence qui ne devroit point être au-dessus de la flétrissure, que dis-je ? de la rigueur des lois, contribuèrent à subvertir alors tous les principes de justice et d'honneur. Songez à la politique de celui qui régente les cours et trafique du repos des peuples d'Europe, de celui qui a détrôné les rois de l'Asie ! Qu'ont été ses projets dès les premiers troubles

de la France, sinon des spécula-
tions d'assassinats et de pillage,
qu'un autre choix de mots voudroit
ennoblir? Dans l'Inde il oppose les
Marates aux Marates, et, sans ris-
quer de répandre le sang anglais,
il fait couler celui des hommes que
le marquis de Wellesley appelle gra-
vement les ennemis de la compa-
gnie. Ces malheureux succombent,
parce que la valeur des piastres cor-
ruptrices prépare bien plus leur défaite que le courage des soldats qui
sont envoyés par le roi Georges pour
les soumettre. Quand ses guerriers
révolutionnaires entrèrent dans

le royaume de Misore, dans celui de Candy, et chez les infortunés Polygars, ce ne fut guère que pour y exercer les fonctions de bourreaux, car tout étoit acheté, tout étoit corrompu ou dans l'impuissance de se défendre; et, si nous tournons les yeux sur nos contrées, ce furent les trames silencieuses et le crime combinés qui précédèrent toujours leurs hostilités. Vendée, Quiberon, jours de réaction en France, assassinat de Rastadt, perfide aspect de cet émissaire appelé chevalier ou lord W....., vous retracerez à jamais aux Français que les premiers alliés, les seules armées du cabinet de Saint-James, sont les complots dans toute leur noirceur, les vices dans toute leur turpitude!

Il est déplorable que, sur notre continent, plusieurs cabinets aient eu souvent à se reprocher quelques-uns de ces procédés iniques. Les révoltes soldées au milieu du camp de Gustave III vinrent assez à propos, il y a quelques années, au secours de la Russie. L'on se souvient encore des manœuvres secrètes du comte de Ros...... à Stockolm. Le roi des Vandales, des

Goths, et plus heureux de l'être des aimables Suédois, le chassa de sa capitale, et lui fit essuyer un de ces affronts dont le titre d'ambassadeur ne put effacer l'ignominie. Sur quoi s'appuyoit l'orgueil du comte de S...., humiliant et divisant les neveux des Sarmates à Varsovie, avant que sa cour eût divisé le territoire de la Pologne ? Et dans ce moment encore, sans ses intrigues parmi les peuplades grecques, sans les traîtres utiles qui sont gagés par elle, une puissance dont l'étendue gigantesque est bien loin d'attester la force, et que

Louis XV empêchoit naguère de s'immiscer dans les affaires de l'Europe, n'attendroit pas du choc seul de ses troupes l'extension de pays que lui auront ménagée, du côté du Bosphore, des calculs avilissants et désastreux pour l'humanité. Malheureuse humanité ! où sont donc tes amis et tes protecteurs, puisque tes lois sont enfreintes par ceux qui en recommandent l'observance ? Ces canons, ces instruments de guerre, qu'ils disoient inventés pour suspendre les fureurs de la guerre même, pour veiller à la sécurité des nations, ne servent cependant qu'à les mitrailler ou à les asservir. Des peuples estimables et laborieux doivent suspendre leurs travaux, abandonner leurs foyers pour venger les superbes caprices de maîtres ambitieux, qui toujours ravagent la terre et s'en disent les pacificateurs.

Ces grands duels de population à population, assez ordinairement provoqués par des rois ou des ministres qui y assistent peu, se sont renouvelés souvent entre la Grande-Bretagne et nous ; mais on peut affirmer pourtant que depuis

Édouard III, dans toutes les guerres contre la France, les Anglais ont sans cesse été les agresseurs. Il faut ici briévement retracer des faits incontestables.

Qui provoqua jadis l'invasion de Henri V ? Nul motif légitime ; et sous le foible Henri VI, lorsqu'ils furent expulsés par un monarque qui ne méritoit pas plus ses succès que son rival ses défaites, si les Anglais cessèrent de nous attaquer, combien la France n'en éprouva-t-elle point de tracasseries et d'humeurs ?

Le plus épouvantable des despotes, le Roberspierre couronné de la Grande-Bretagne, qui a le droit d'aînesse et la suprématie en cruautés sur le Roberspierre français, cet horrible Henri VIII, auquel la barbarie sembloit un agréable délassement, mit toujours l'aimable et bon François Ier dans la dépendance de ses caprices. Quelquefois son allié, quelquefois son ennemi, il ne fallut pas moins que les arts et les plaisirs qui illustrèrent le règne voluptueux du restaurateur des lettres, pour l'éloigner cent fois de prendre les armes et de se venger.

Élisabeth mit plus d'art dans sa manière de montrer sa haine; sans nous combattre, elle n'eut pas moins le secret de nous faire la guerre. Témoin de nos désastres, elle sut accroître nos troubles en alimentant le fanatisme des protestants.

Et ce Charles Ier, passant tour à tour de la violence à la foiblesse, voulut aussi nous faire la guerre, et nous la fit en effet; tandis que ses inconséquences préparoient ses propres sujets à la révolte, il soutenoit les sujets révoltés d'un roi qui n'avoit aucun démêlé avec lui.

Le superbe Louis XIV ne fut-il pas obligé d'acheter, tantôt l'alliance, tantôt la neutralité de Charles II ? Si ce monarque n'eût point libéralement versé notre or, c'eût été notre sang qui eût été répandu.

Les frauduleuses entreprises de Guillaume III pouvoient être combattues à certaine époque par la magnanimité de Louis le Grand, sans que ses sentiments généreux dussent être regardés par le peuple anglais comme une agression contre leur pays et leurs droits ; cependant, aussitôt que l'Ex-Stathouder hollandais fut établi dans le palais de Saint-James, il se vengea avec un acharnement qu'eussent désavoué l'équité et le véritable honneur.

Sous Louis XV, une guerre continentale s'allume. Certes, alors les possessions maritimes, le commerce des Anglais, sujets de la maison allemande de Brunswick, n'étoient point attaqués ; mais ces haineux insulaires n'y entrèrent que par le desir de nous nuire et de nous abaisser : pour cette fois, comme dans toutes les guerres les plus malheureuses, la gloire fut témoin de nos exploits, sans que la fortune récompensât leurs armes intéressées du plus léger profit.

Quant à cette guerre d'Amérique, dont nous nous sommes quelquefois si légèrement accusés nous-mêmes, nous l'avons soutenue, mais nous ne l'avons point fomentée. Il y avoit depuis long-temps une disposition d'esprit et de choses qui favorisoit l'indépendance de cette contrée, hélas ! aujourd'hui bien habilement replacée sous la domination anglaise. Le corps politique étoit, pour ainsi dire, formé lorsque nous nous en rapprochâmes. L'on nous vit même, pendant les deux premières années de division, laisser à la Grande-Bretagne le temps de concilier ses débats, et nous borner, avec toute l'Europe, à faire des vœux pour le Congrès.

Mais, en 1792, ne crut-on pas voir dans les ministres du cabinet de Saint-James des apôtres de la religion, de vertueux croisés, qui alloient s'interposer entre la révolution et nous ? « Aux armes ! s'écrièrent-ils, nous allons venger, nous allons préserver....... » Blasphémateurs cruels ! pourriez-vous quelque chose pour la gloire, vous qui ne faites rien que pour la fortune ? Vous ne vouliez que trahir, et vous avez trahi ; dépouiller, et vous avez dépouillé. Méditez encore la destruction de tant de contrées qu'il vous seroit moins dispendieux et plus honorable de faire prospérer ! Que vos commérages politiques s'appellent des congrès; que vos serments déguisent des parjures et s'appellent des traités, tandis qu'il n'en est pas un qui ne dépose contre la droiture et l'humanité! Semez la discorde parmi les nations; spéculez sur leur avilissement, et tâchez d'éteindre en elles l'amour de la patrie, le goût du travail, les sentiments vertueux, qui sont autant de barrières morales qui garantissent celles des pays que votre ambition insatiable veut franchir. Que l'Angleterre en pleine paix avec l'Autriche, la Russie, la Prusse, etc. parle de modération et insulte l'Europe entière en conduisant leurs vaisseaux dans ses ports, sans que ces cours, minutieusement occupées de vaines prérogatives et de tracasseries féodales, s'en indignent; que cette Angleterre ait excité assez de soulèvémens et de divisions sanguinaires dans l'Inde, pour en avoir bientôt dépouillé tous les souverains, depuis l'infortuné Tipoo-Saïb jusqu'au nabad de Carnate; plongé dans l'affliction tous les peuples; et qu'elle parle de ses principes d'honneur et de la conscience de ses ministres, tandis qu'ils désolent ces régions lointaines par de continuels forfaits, sans que, parmi les *Cortez* anglais, il se soit encore trouvé quelques sensibles *Las Casas !* Tout cela n'est-il pas un code de barbarie et d'augustes rapines ?

Mais, après cette conduite révoltante, ce qui ne laisse pas d'être dérisoire, c'est d'entendre les Anglais, toujours hypocrites ou violents, affirmer qu'un grand homme, élevé par nous au rang suprême sur le bouclier de Pharamond, est un usurpateur. Sans doute la Grande-Bretagne compte depuis bien des siècles une grande quantité d'usurpateurs au nombre de ses rois : *César*, les *Danois*, les *Normands*, s'en emparèrent de vive force. Les maisons de Lancastre et d'Yorck eurent souvent les armes à la main pour se disputer le droit de s'y faire obéir. Un bourgeois de Londres brisa le sceptre et abattit le tête de Charles premier. On sait que, pour saisir le pouvoir, il ne fut pas demander les votes de la cité de Westminster, ni les suffrages d'aucun comté. Nos bisaïeux ont vu le *Hollandais Guillaume* partir de la Haye, et arriver à Londres pour chasser du palais de

Saint-James un Anglais couronné ; et depuis ce fut un Allemand, qui s'en vint tout bonnement d'Hanovre pour voler la succession des *Stuarts*, et régir MM. les Bretons.

Qu'y a-t-il de commun entre les diverses positions de tous ces chefs de la nation anglaise et l'empereur que nous venons d'élire ? Il naquit Français, puisque la Corse est à la France, et que, prétendre le contraire, c'est comme si l'on soutenoit que ceux qui naquirent à Strasbourg, et dans les provinces allemandes conquises par la France, ou dans le ci-devant duché de Lorraine, qui ne nous appartient que depuis si peu de temps, ne sont que des Allemands, des Lorrains, et non pas des Français. Étranger à la chûte de la monarchie, n'ayant paru que pour défendre notre sol et notre indépendance, c'est après que plusieurs gouvernements se sont succédés, que, renommé par sa valeur, et de si longs témoignages d'une haute sagesse, marchant sur les pas de ces mortels qui paroissent à certaines époques pour étonner et consoler le monde, éprouvé par les circonstances les plus difficiles, et les ayant toujours aplanies comme politique, vaincues comme guerrier ; qu'environné enfin de la considération de tous les peuples, et des plus beaux titres à la reconnoissance de son pays, il courbe son front majestueux, et reçoit une couronne qui l'illustre bien moins que ses mémorables travaux.

Si les Anglais et quelques bouches profanes veulent le représenter comme un usurpateur, nous nous écrierons aussi, mais dans un autre sens : Oui, certes, il fut un usurpateur ; il usurpa notre admiration lorsqu'il conquit l'Italie, et que, vainqueur humain et sensible, il s'arrêta devant Rome, et détourna la vue, comme jadis Scipion, à l'aspect d'une vierge timide, dont il ne voulut point offenser la vertu. Il usurpa notre admiration, lorsque, guidé par l'ombre de François premier, il vengeoit sa mémoire à Pavie. Il usurpa notre admiration, dans cette retraite fameuse, où, sacrifiant son parc immense d'artillerie, il ne l'abandonna que pour être plus maître de ses mouvements, et revenir bientôt apprendre à l'ennemi qu'une victoire facile n'est souvent que le prélude d'une grande défaite. Il usurpa notre admiration, lorsque envoyé par le directoire en Egypte; privé du secours d'une flotte, qui n'eût pas été incendiée si ses ordres avoient été suivis, abandonné à ses propres moyens, et tour à tour obligé de combattre le climat, les plus pressants besoins, et une population redoutable, il faisoit la guerre au milieu des déserts arides, perçoit des routes, fouilloit des sables, et cultivoit les arts avec la même ardeur qu'il les eût cultivés dans

Paris. Il usurpa notre admiration, lorsque, loin d'insulter, au Caire, la religion du prophète, il se montra respectueux pour le dogme des Musulmans : la politique et la tolérance applaudirent avec nous à ses actions comme à ses discours. Mais il sied bien à un ministère toujours impie envers l'honneur, soit qu'il viole ses traités, soit qu'il tire à Quiberon sur les émigrés français défendant le drapeau britannique aux figures de léopards, emblême naturel de la perfidie et de la cruauté, soit qu'il sacrifie les Russes sur le Helder ;

soit qu'un Dessaline anglais, se chargeant du vil rôle de brûleur de maisons, se trouble, comme tous les criminels, et s'acquitte mal à *Toulon* d'un exploit qui ne passera jamais que pour un forfait ; il sied bien, dis-je, à un ministère dont la fraude et les trahisons sont la source de sa puissance, qui brûle à Londres, tous les ans, l'image du chef respectable de la catholicité, d'atténuer ce qu'il y eut de sage et d'humain dans la conduite du général Bonaparte, et d'accuser un aussi noble caractère d'imposture. Enfin, il usurpa notre admiration, lorsqu'à sa voix nos temples se rouvrirent, et qu'une religion de paix, une religion qui ennoblit l'homme, veille au repos des sociétés, déploya encore son titre pompeux, ami de l'imagination et des beaux arts.

Oui, c'est sous ces divers rapports que Napoléon est véritablement usurpateur. Mais, par leurs scrupules affectés et leurs délations indécentes, nos voisins voudroient encore agiter la France ; ils se trompent. Douze millions de nouveaux propriétaires trouvent dans l'hérédité du pouvoir et dans les lois établies un invariable appui ; et maintenant ils ne cesseront d'étayer un ordre de choses qui les étaie pour jamais. Quant à tous ces Français qui eurent le malheur de s'expatrier, réunis aujourd'hui à la grande famille, il n'y a plus guère que le fils de feu M. de Favras qui se souvienne du nom du comte de Lille, et pour lequel ce soit une vertu de ne jamais l'oublier.

Cependant, il est un concours fortuit de circonstances dont quelques perturbateurs privilégiés du repos des peuples aiment l'apparition ; ils en profitent pour aigrir les esprits, multiplier l'erreur, égarer les sentiments. Qu'à la suite de nos troubles funestes l'état soit de rechef menacé ; que des trames obscures et dangereuses, dont il seroit plus dangereux encore de découvrir aux sociétés policées les affligeantes ramifications, obligent l'autorité de recourir à des mesures dont l'application seule, en ces jours de clémence, prouveroit l'étroite nécessité; alors on cite au tribunal de l'opinion celui que l'opinion doit toujours s'empresser d'absoudre ; celui qui, tenant les rênes de l'état, n'agit en tout que pour l'utilité de l'état ; celui dont le plus grand intérêt est de ne léser aucun intérêt. Faut-il revenir encore sur ces complots admirablement formés, admirablement découverts ? Faut-il prouver que lorsqu'on méditoit un grand crime au sein de la capitale, le gouvernement avoit sous les yeux un nombre de coupables momentanément dissimulés, dont il étoit indispensable de briser les premiers points d'appui ? Devoit-il attendre, pour déconcerter leurs projets, que des milliers d'individus, soi-disant les fauteurs de la révolution, eussent été impitoyablement massacrés? Devoit-il attendre que l'Angleterre, profitant des moments destructeurs qu'elle avoit préparés, eût embrasé nos ports, etc., tout en faisant croire à des hommes aveugles qu'elle ne vouloit que le triomphe de leur cause? Ah! c'est assez de ces appercus pour démontrer qu'en politique la rigueur est aussi de la sensibilité; et que *Pepin le Bref*, ainsi que *Charlemagne*, ne faisoient qu'assurer le repos de l'empire, lorsque jadis ils sacrifièrent les restes d'une famille que la fortune et leurs exploits les avoient destinés à remplacer. C'est assez de ces apperçus pour justifier le meilleur des rois d'avoir insidieusement attiré d'Italie à Paris ce *maréchal de Biron*, auquel il étoit uni par les liens de la reconnoissance et de l'amitié. Si ce général, protestant de son innocence jusqu'à la mort, fut condamné à être décapité dans l'intérieur de la Bastille, sur des faits d'accusation demeurés sans preuve matérielle ; c'est que, dans les commencements d'un règne mal affermi, la prudence vouloit que Henri IV ôtât aux ambitieux de l'intérieur et de l'étranger tout espoir de se voir soutenus par un homme que sa naissance, son amour-propre et la protection de souverains jaloux, pouvoient conduire à être chef de parti.

Mais lorsque notre Gouvernement réparateur, nos droits, notre tranquillité, éprouvent sans cesse des attaques clandestines de la part de ceux qui semblent avoir oublié notre magnanimité et l'étendue de notre puissance; lorsque nous som-

mes sans cesse en butte aux raffinements d'une politique calomniatrice, ne nous sera-t-il pas permis de repousser de telles atteintes avec les armes de la vérité, et de dire à d'illustres oppresseurs : « Vous
« avons-nous demandé compte de
« la femme et des enfants de ce
« monarque d'Asie dont vous aviez
« préparé, de si longue main, l'as-
« sassinat ? Et lorsque dernièrement
« un des premiers potentats de l'Eu-
« rope est tombé, dans son palais,
« sous les coups de meurtriers déco-
« rés, n'avons-nous pas craint de
« scandaliser l'univers, en répétant

« les noms imposants, les noms
« pourtant augustes de ceux dont l'as-
« sentiment seul métamorphosa de
« bas courtisans en lâches conjurés ?
« Nos gazettes ont-elles signalé celui
« qui serra la fatale écharpe pour
« étrangler son bienfaiteur, ou l'é-
« tranger barbare qui mit le plus
« d'ostentation dans son sangui-
« naire dévouement ? Aucun écrit
« a-t-il circulé en France pour dé-
« montrer qu'un pareil événement
« arrivé sans bruit dans une capi-
« tale, au milieu d'un vaste édifice,
« entouré d'une garde nombreuse,
« n'a pu avoir lieu sans une dis-

« position de choses et de sentiments
« qui arracheront, dans tous les
« temps, un cri à la nature ? »

C'est trop s'occuper de ces détails, qui feroient rougir les hordes errantes des côtes de l'Afrique. Pour nous qui avons eu la gloire d'échapper à une révolution que l'on tenteroit vainement de prolonger, qui ne faisons rien que pour nous garantir de nouveaux orages ; pour nous qui seuls avons renversé ces échafauds où les ennemis de la France se réjouissoient de nous voir monter tour à tour ; pour nous qui avons humilié ces mêmes ennemis par tant de défaites pendant ces longues calamités, bien plus forts aujourd'hui, c'est d'une commune résolution que nous allons vivre sous un Gouvernement concentré qui nous garantit la stabilité de nos lois, et dont nos lois nous garantissent la stabilité.

Que d'envieux détracteurs ne nous reprochent point la démocratie que nous avons vantée ! Qu'importent les mots, si nos idées précises sont rendues par d'autres expressions ? Les royalistes de l'ancienne monarchie ne la voyoient que dans les priviléges fastidieux et les distinctions abusives qu'ils recevoient très-commodément de leurs pères, et qu'ils passoient tout aussi commodément à leurs enfants; aujourd'hui les distinctions ne sont plus qu'individuelles : rien n'est héréditaire que le titre d'empereur dans la même famille, c'est-à-dire, que nous avons personnifié notre gouvernement, que nous en avons assuré la succession pour transmettre à nos fils celle de nos droits personnels, droits long-temps méconnus, droits enfin recouvrés :

nous avons senti que les intérêts de la chose publique ne seroient véritablement bien soignés que par un monarque dont le sort est tellement lié à celui de la nation, qu'il ne peut être heureux qu'autant qu'elle est heureuse, grand qu'autant qu'elle est élevée. Nous sommes royalistes après avoir effacé toutes les traces de la féodalité, après nous être donné un code qui est le résultat de la plus haute expérience et de la plus profonde méditation; car c'est à la lueur des flammes qui consumoient notre édifice social, que des gens réfléchis, des hommes à grand caractère, qui ont bravé tant de périls, et vu l'effet de toutes les passions humaines mises en mouvement, ont rédigé notre charte. Les Français républicains, dans la noble acception du mot, ont senti que sous un chef héréditaire l'intérêt général est toujours d'accord avec l'intérêt particulier de celui qui gouverne; tandis que, dans un gouvernement dont les dépositaires du pouvoir sont mobiles, leur intérêt particulier est souvent en opposition avec l'intérêt général. Un état voisin, un état ennemi peut acheter, peut corrompre les souverains momentanément élus d'un autre état; il ne pourra rien sur un homme revêtu d'une puissance incommutable, dont l'existence est essentiellement composée de l'existence de tous; incorporé dans la nation qu'il représente, il n'est jamais dans sa nature de lui nuire, puisqu'il se nuiroit à lui-même.

C'est sur-tout aux puissances jalouses de leur conservation de nous féliciter, et de faire des vœux pour la nôtre. Nous dirons aux monarchies du continent, que désormais leurs destinées et celles de la France doivent à peu près se confondre. En effet, quand dut-il moins exister de rivalités entre les grands états que dans ces circonstances ? presque tous jouissent du même degré de splendeur, de fortune ; et tous ont, en commun, les mêmes désavantages, la *perte*, la *spoliation* de leur commerce. Malheureusement un seul est sensible à cet affront, et vengera tous les autres. Cependant la Russie peut-elle ignorer que ses sapins, ses goudrons, ses chanvres lui sont payés en marchandises anglaises, c'est-à-dire, en une monnoie sur laquelle elle perd quatre-vingt pour cent ? Peut-elle ignorer que la présence des marchandises anglaises, dans tous les coins de son vaste empire, empêchera à jamais le développement de ses manufactures ? Ne sait-elle pas que ce sont des négociants établis à St.-Pétersbourg, sur les bords de la mer *Caspienne* et de *Marmara*, qui extraient l'or, les produits de ces contrées, et s'enrichissent des bénéfices que, sans leur stagnation, pourroient faire les propres Russes ?

L'Autriche n'a-t-elle pas beaucoup plus à redouter qu'à espérer des essais maritimes que vont lui faire tenter ses possessions nouvelles sur l'Adriatique ? L'Angleterre sourira, à part, de son orgueil et de ses dépenses infructueuses ; elle lui permettra un humble cabotage dans tous les ports de la côte ; mais bientôt une factorerie anglaise, fixée à *Trieste*, se chargera d'écouler, pour son propre compte, à Odessa, sur tous les points de la Crimée, et jusque dans l'intérieur de la Turquie, les produits manufacturés de la Grande-Bretagne.

La Prusse, devenue maîtresse de

provinces qui ne ressemblent plus à des pièces éparses de marqueterie, croit inutilement au progrès de son commerce, parce que ses bateliers charrient, depuis peu, sur l'Oder, les marchandises anglaises qui arrivoient à Hambourg. L'Elbe ne sera pas toujours fermé, et toujours les Anglais feront consommer aux Prussiens le café, les sucres, les cotonnades, les épiceries diverses qui sont en consignation dans les magasins des deux compagnies orientales et occidentales sur la Tamise; tandis que par le bas prix de leur toile d'Irlande, et à raison de leur installation à l'île de la Trinité, ils se débarrasseront aisément de la concurrence des toiles de Silésie. Ils continueront à se servir des deux foires de Leipsick, pour faire tomber de plus en plus celle de Francfort-sur-l'Oder. *Qui est maître de la mer, l'est de la terre.* Tous ces rois qui sont surchargés de l'entretien de trois ou quatre cent mille hommes, toujours sous les armes, éprouveront cette vérité que l'Angleterre a long-temps et physiquement démontrée à l'Espagne en l'isolant du Mexique, et la privant de ses indigos et de ses piastres.

Que si le besoin d'aimer nos voisins, de restaurer les mœurs publiques, de voir couler de nouveau, pour toutes les nations, des jours prospères, des jours de paix, ne nous fait rencontrer que des ingrats acharnés à notre perte; s'ils refusoient à nos sentiments élevés un juste retour; s'ils ne respectoient point les efforts auxquels nous nous livrons, qu'ils sachent que le char de la révolution est posé sur des roues dont le mouvement terrible n'a pu être arrêté que par un Hercule généreux. Qu'ils se persuadent enfin que la gloire des empires est le repos des peuples, et la plus belle apothéose de ceux qui les gouvernent.

FIN.

www.ingramcontent.com/pod-product-compliance
Lightning Source LLC
LaVergne TN
LVHW051504090426
835512LV00010B/2331